Wolfgang Göbels

# Figuren und Körper handelnd entdecken
Grundlegende Materialien mit Selbstkontrolle für den Geometrieunterricht

# Inhalt

1. Kreise zeichnen .................................................................... 2
2. Prisma und Quader ............................................................... 3
3. Quadratische Pyramide und Tetraeder ................................... 4
4. Zylinder und Kegel ............................................................... 5
5. Pyramidenstumpf und Quader ............................................... 6
6. Kegelstumpf und Zylinder ..................................................... 7
7. Figuren zeichnen und Formen erkennen ................................ 8
8. Dreieckspuzzle ................................................................... 10
9. Viereckspuzzle .................................................................... 11
10. Figurenquartett ................................................................. 12
11. Lösungen .......................................................................... 23

**Zu dieser Mappe**

Strukturen und Zusammenhänge in der Geometrie erfassen Schüler vorzugsweise mit ihrer Anschauung. Dies ist oft auch gerechtfertigt, sofern geometrische Zusammenhänge offensichtlich zu erkennen sind.
Durch Konstruieren, Ausschneiden und Legen haben die Schüler die Möglichkeit, geometrische Sachverhalte gedanklich zu erfassen. Das motiviert und erzeugt eine gewisse Spannung. Besonders intensiv kann der Umgang mit Dreiecken und Vierecken trainiert und das Erforschen und Entdecken von Zusammenhängen zwischen ebenen Figuren gefördert werden.
Die Kopiervorlagen sind ideal geeignet, die gegenseitige Kommunikation der Schüler zu fördern und Problembewusstsein zu wecken. Sie sind in der Partner- oder Gruppenarbeit einsetzbar.

# 1 Kreise zeichnen

Auf dem unteren Teil des Blattes siehst du zwei Abbildungen mit Punkten. In Abbildung 1 sind die Punkte mit A bis L benannt, Abbildung 2 enthält dieselben Punkte ohne Bezeichnungen. Da in deiner Zeichnung die Punktbezeichnungen stören würden, zeichne in die Abbildung 2 und verwende die Abbildung 1 zur Orientierung.

**Arbeitsanweisungen**

Zeichne Kreise:
- um E mit Radius 0,5 cm,
- um F mit Radius 0,5 cm,
- um H mit Radius 1 cm.

Zeichne Halbkreise:
- über AC oberhalb,
- über BD oberhalb.

Zeichne Kreisbögen:
- über AB um H mit Radius AH oberhalb,
- über CD um H mit Radius AH unterhalb,
- über JK um G mit Radius GJ oberhalb.

Verbinde I mit L.
Markiere die Punkte E und F dicker als gewöhnlich.
Bei richtiger Bearbeitung erhältst du ein Bild, das du ausmalen kannst.

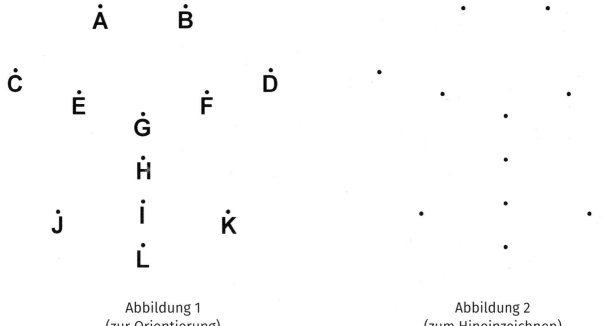

Abbildung 1
(zur Orientierung)

Abbildung 2
(zum Hineinzeichnen)

# 2 Prisma und Quader

**Aus den abgebildeten Flächen lassen sich ein Prisma und ein Quader basteln.**

- Male die Flächen, die zu den beiden Körpern gehören, mit zwei verschiedenen Farben aus.
- Zeichne zu den beiden Körpern jeweils ein Netz.
- Bastele die beiden Körper, indem du die zugehörigen Flächen ausschneidest und mit geeigneten Papierstückchen zusammenklebst.

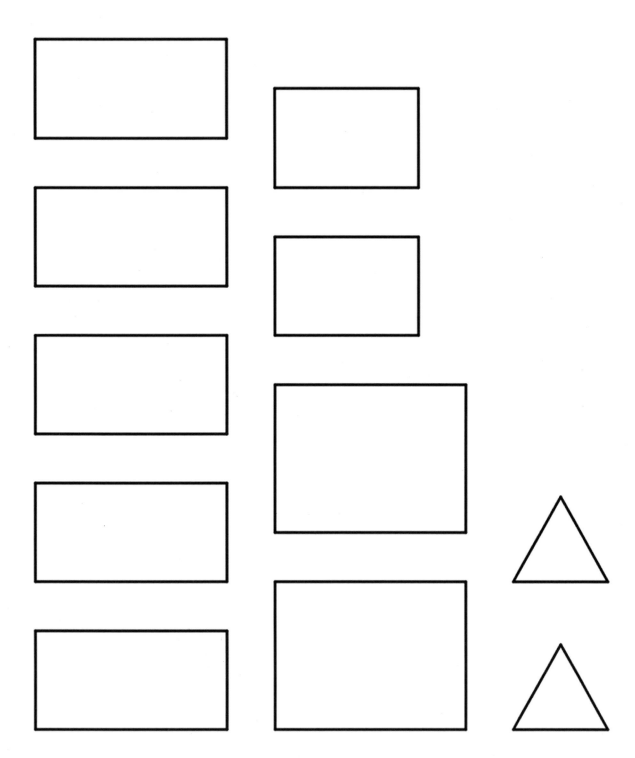

# 3 Quadratische Pyramide und Tetraeder

**Aus den abgebildeten Flächen lassen sich eine quadratische Pyramide und ein Tetraeder basteln.**

- Zeichne zu den beiden Körpern jeweils ein Netz.
- Male die Flächen, die zu den beiden Körpern gehören, mit zwei verschiedenen Farben aus.
- Bastele die beiden Körper, indem du die zugehörigen Flächen ausschneidest und mit geeigneten Papierstückchen zusammenklebst.

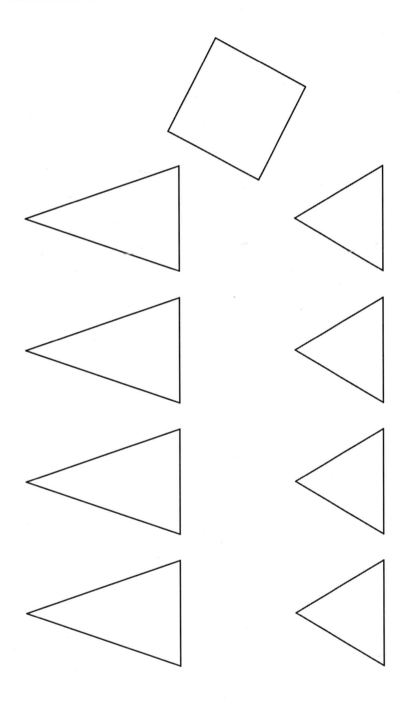

# 4 Zylinder und Kegel

**Aus den abgebildeten Flächen lassen sich ein Kreiszylinder und ein Kegel basteln.**

- Male die Flächen, die zu den beiden Körpern gehören, mit zwei verschiedenen Farben aus.
- Bastele die beiden Körper, indem du die zugehörigen Flächen ausschneidest und mit geeigneten Papierstückchen zusammenklebst.

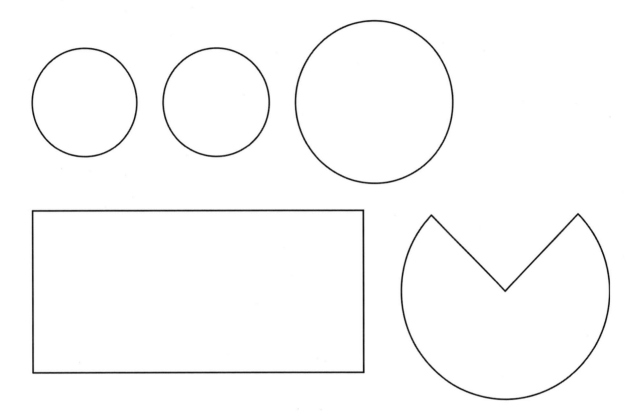

# 5 Pyramidenstumpf und Quader

**Aus den abgebildeten Flächen lassen sich ein Pyramidenstumpf und zwei Quader basteln.**

- Zeichne zu den drei Körpern jeweils ein Netz.
- Male die Flächen, die zu den drei Körpern gehören, mit drei verschiedenen Farben aus.
- Bastele die drei Körper, indem du die zugehörigen Flächen ausschneidest und mit geeigneten Papierstückchen zusammenklebst.

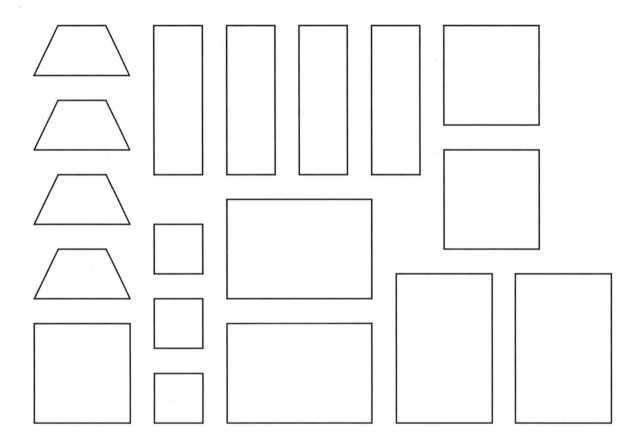

# 6 Kegelstumpf und Zylinder

**Aus den abgebildeten Flächen lassen sich zwei Kreiszylinder und ein Kegelstumpf basteln.**

- Male die Flächen, die zu den drei Körpern gehören, mit drei verschiedenen Farben aus.
- Bastele die drei Körper, indem du die zugehörigen Flächen ausschneidest und mit geeigneten Papierstückchen zusammenklebst.

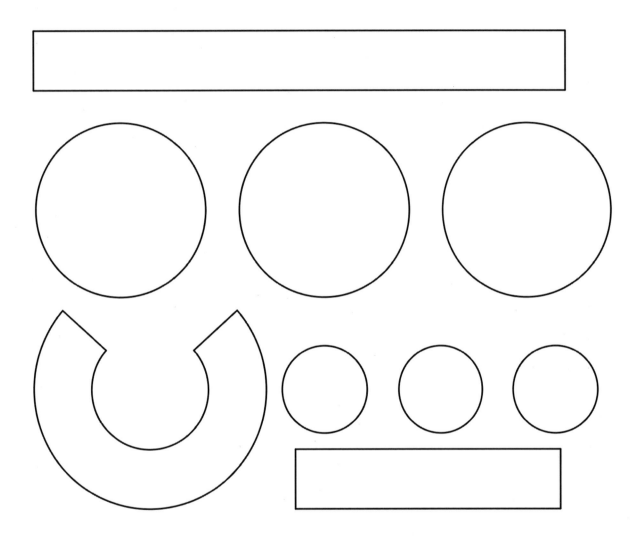

# 7.1 Figuren zeichnen und Formen erkennen

**1. Zeichne auf weißes unliniertes Papier:**

- 2 Kreise mit Durchmesser 0,5 cm

- 2 Kreise mit Durchmesser 1 cm

- 1 Halbkreis mit Durchmesser 1 cm

- 1 Kreis mit Durchmesser 2 cm

- 1 Kreis mit Durchmesser 4 cm

- 1 Halbkreis mit Durchmesser 4 cm

- 1 Halbkreis mit Durchmesser 8 cm

- 2 Rauten mit Diagonalen 2 cm und 4 cm

- 1 gleichschenkliges Dreieck mit Grundseite 2 cm und Höhe 0,5 cm

**2. Schneide die Figuren aus.**

**3. Zerschneide den Kreis mit Durchmesser 2 cm in zwei Halbkreise.**

**4. Zerschneide den Kreis mit Durchmesser 4 cm in zwei Halbkreise.**

**5. Zerschneide jede der beiden Rauten entlang der längeren Diagonale.**

**6. Klebe die geschnittenen Figuren auf die weißen Flächen der Bildvorlage.**

**Bei richtiger Bearbeitung passen deine Figuren exakt.**

# 7.2 Figuren zeichnen und Formen erkennen

**Bildvorlage**

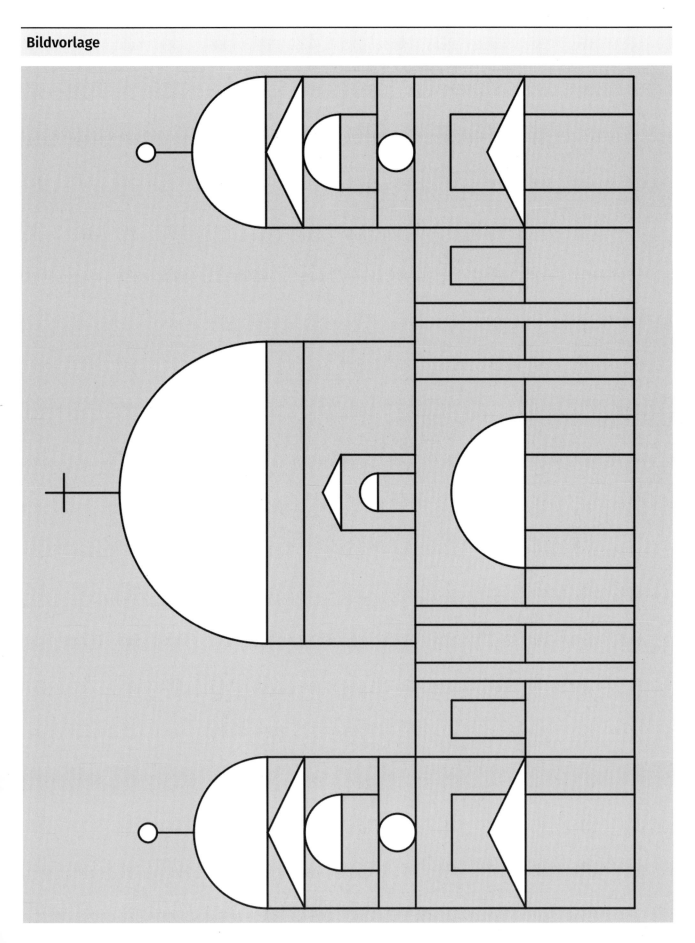

# 8 Dreieckspuzzle

**Jede der Abbildungen 1 bis 6 enthält eine Gruppe von drei verschiedenen Dreiecken.**

- Beschreibe jeweils die gemeinsamen Eigenschaften der drei Dreiecke.
- Schneide zu jeder Abbildung die drei Dreiecke aus und lege sie nach Art eines Puzzles zu einem Vieleck zusammen. Klebe dann alle sechs Vielecke auf Papier oder dünne Pappe. Beschreibe Besonderheiten, die dir auffallen.

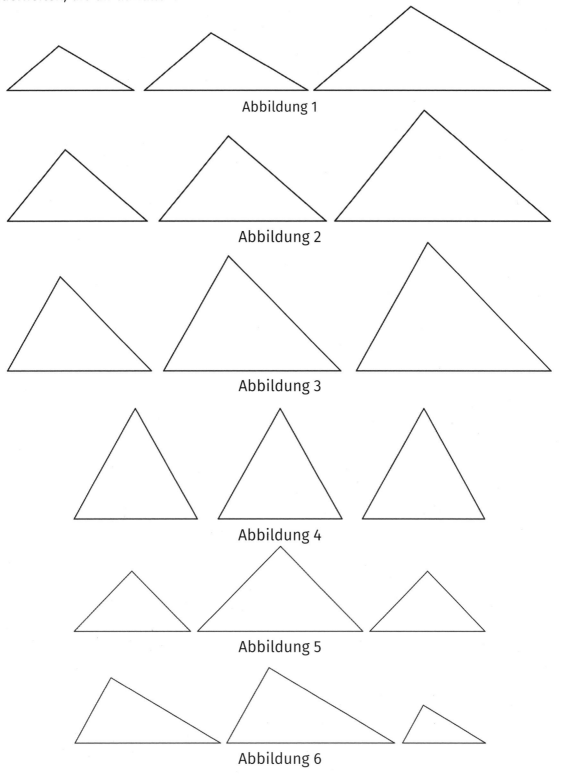

Abbildung 1

Abbildung 2

Abbildung 3

Abbildung 4

Abbildung 5

Abbildung 6

# 9 Viereckspuzzle

**Schneide die acht Vierecke aus und füge je vier zu einem Quadrat zusammen.
Beschreibe zu jedem der beiden entstandenen Quadrate möglichst viele Eigenschaften der Teilvierecke.**

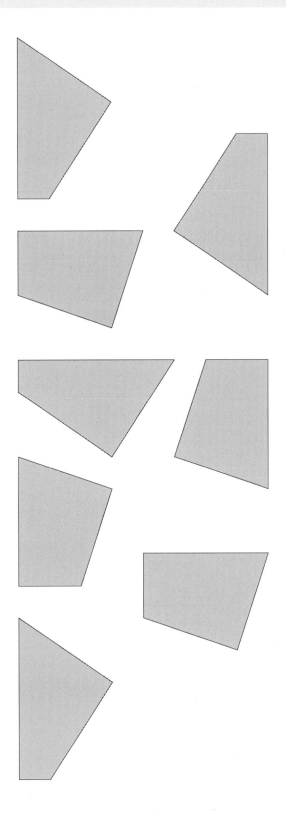

# 10 Figurenquartett

**Kartenspiel zum Trainieren von Eigenschaften besonderer Dreiecke und Vierecke**

### Zur Erinnerung: Die Quartett-Spielregel

Zwar werden die meisten Schüler wohl die Spielregeln des klassischen Quartetts kennen, da es ja ein beliebtes Kartenspiel ist. Dennoch soll hier in aller Kürze die Regel vorgestellt werden.

Ziel des Spiels ist es, möglichst viele Quartette, also Sätze von vier zusammengehörigen Karten, zu sammeln.

Ein Satz Quartettkarten besteht gewöhnlich aus acht Quartetten, also aus 32 Karten. Zunächst werden die Karten gemischt und einzeln an die Spieler verteilt. Der Spieler links vom Kartengeber beginnt das Spiel und fragt einen beliebigen Mitspieler nach einer eindeutig bezeichneten Karte, die ihm zur Bildung eines Quartetts fehlt. Ein Spieler darf nur dann nach einer bestimmten Karte fragen, wenn er von dem betreffenden Quartett auch mindestens eine Karte in der Hand hält. Hat der befragte Mitspieler die gesuchte Karte, so muss er sie dem Fragenden herausgeben, und dieser darf weiterhin von seinen Mitspielern ihm fehlende Karten fordern. Wenn jedoch ein Befragter die gewünschte Karte nicht besitzt, dann ist dieser an der Reihe nach Karten zu fragen. Sobald ein Spieler ein vollständiges Quartett besitzt, legt er dieses offen vor sich auf den Tisch. Hat ein Spieler keine Karten mehr in der Hand, so ist er aus dem Spiel, und sein linker Nachbar darf als nächster nach Karten fragen. Wer bis Spielende die meisten Quartette sammeln kann, gewinnt.

Wenn nur zwei Spieler teilnehmen, erhält jeder zehn Karten. Die restlichen Karten werden als Stapel verdeckt auf den Tisch gelegt. Wer eine gesuchte Karte nicht erhält, nimmt die oberste Karte des Stapels, während der andere fragen darf. Ansonsten gelten die Regeln des Spiels für drei oder mehr Personen.

### Hinweise zum Einsatz im Unterricht

Als Hilfestellung und zum Einprägen kopieren Sie zunächst für jeden Schüler das auf das Quartettspiel bezogene Orientierungsblatt.

Kopieren Sie die acht Quartettvorlagen und die Rückseiten-Vorlage am besten auf kopiergeeignete Pappe.

Kleben Sie jeweils die unbedruckte Seite eines Spielkartenbogens mit der eines Rückseitenbogens aufeinander.

Schneiden Sie die aufeinander geklebten Doppelbögen entlang der waagerechten und senkrechten Verbindungslinien zwischen den Markierungspunkten außerhalb der Spielkarten aus. Dies erreichen Sie am exaktesten mit einer Schneidemaschine. So erhalten Sie 32 Quartettkarten.

Stellen Sie auf diese Weise Quartettkartensätze in der benötigten Anzahl her oder betrauen Sie damit handwerklich geschickte Schüler. Sie können die Quartettspiele an verschiedene Schülergruppen (Gruppenarbeit) oder beispielsweise an je zwei Sitznachbarn (Partnerarbeit) austeilen.

# Orientierungsblatt zum Figurenquartett

## Figuren auf den Quartettkarten

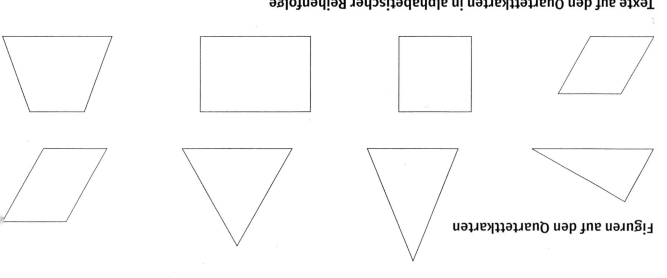

## Texte auf den Quartettkarten in alphabetischer Reihenfolge

| | | | |
|---|---|---|---|
| Vier Seiten alle gleich lang | Vier Seiten alle gleich lang | Vier Seiten nicht alle gleich lang | Vier Seiten nicht alle gleich lang |
| Trapez | Vier rechte Innenwinkel | Vier rechte Innenwinkel | Vier Seiten |
| Quadrat | Raute | Rechteck | Rechtwinkliges Dreieck |
| Gleichseitiges Dreieck | Je zwei gegenüber liegende Seiten parallel | Je zwei gegenüber liegende Seiten parallel | Parallelogramm |
| Ein rechter Innenwinkel | Genau zwei gegenüber liegende Seiten parallel | Genau zwei Seiten gleich lang | Gleichschenkliges Dreieck |
| Alle Seiten gleich lang | Drei Seiten | Drei Seiten | Drei Seiten |

# Orientierungsblatt zum Figurenquartett

**Figuren auf den Quartettkarten**

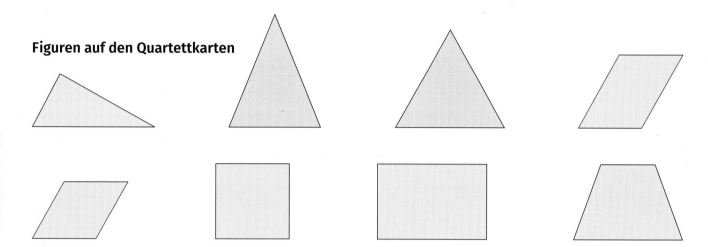

**Texte auf den Quartettkarten in alphabetischer Reihenfolge**

| | | | |
|---|---|---|---|
| Alle Seiten gleich lang | Drei Seiten | Drei Seiten | Drei Seiten |
| Ein rechter Innenwinkel | Genau zwei gegenüber liegende Seiten parallel | Genau zwei Seiten gleich lang | Gleichschenkliges Dreieck |
| Gleichseitiges Dreieck | Je zwei gegenüber liegende Seiten parallel | Je zwei gegenüber liegende Seiten parallel | Parallelogramm |
| Quadrat | Raute | Rechteck | Rechtwinkliges Dreieck |
| Trapez | Vier rechte Innenwinkel | Vier rechte Innenwinkel | Vier Seiten |
| Vier Seiten alle gleich lang | Vier Seiten alle gleich lang | Vier Seiten nicht alle gleich lang | Vier Seiten nicht alle gleich lang |

# Quartett 1 – Rechtwinkliges Dreieck

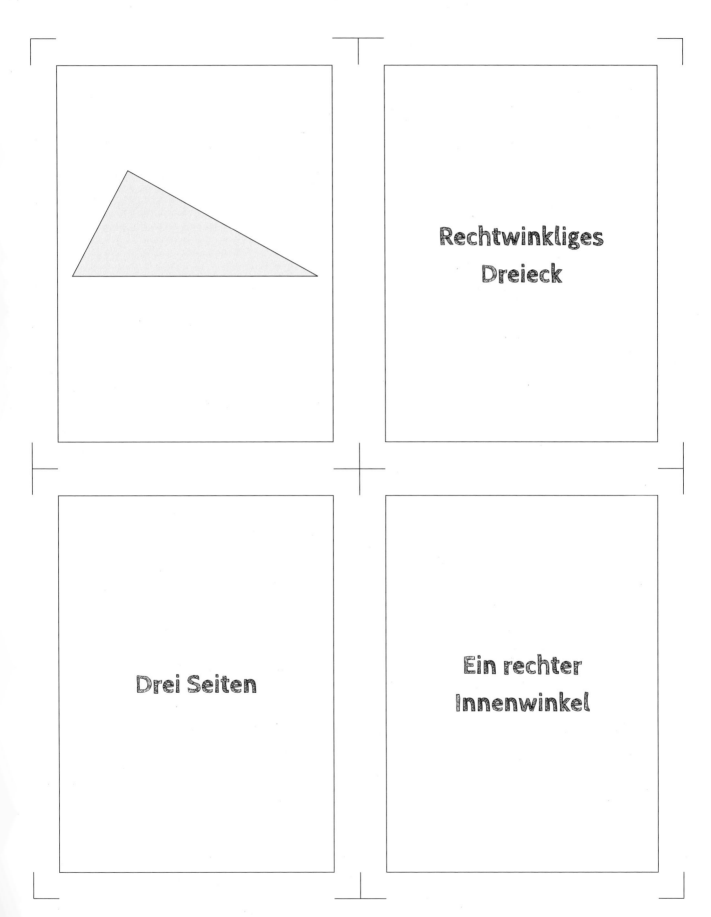

# Quartett 2 – Gleichschenkliges Dreieck

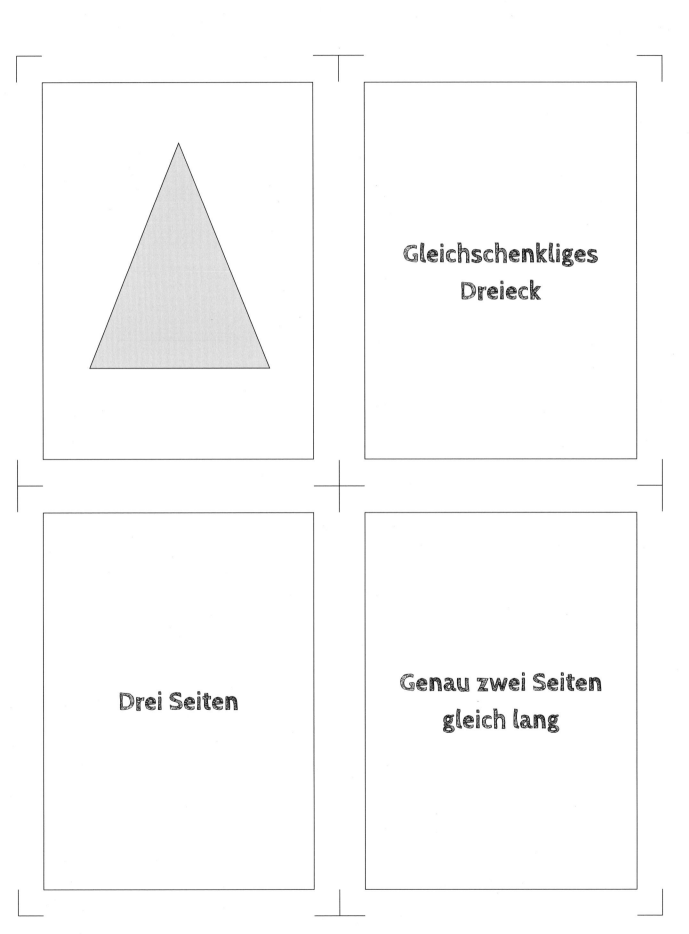

# Quartett 3 – Gleichseitiges Dreieck

# Quartett 4 – Parallelogramm

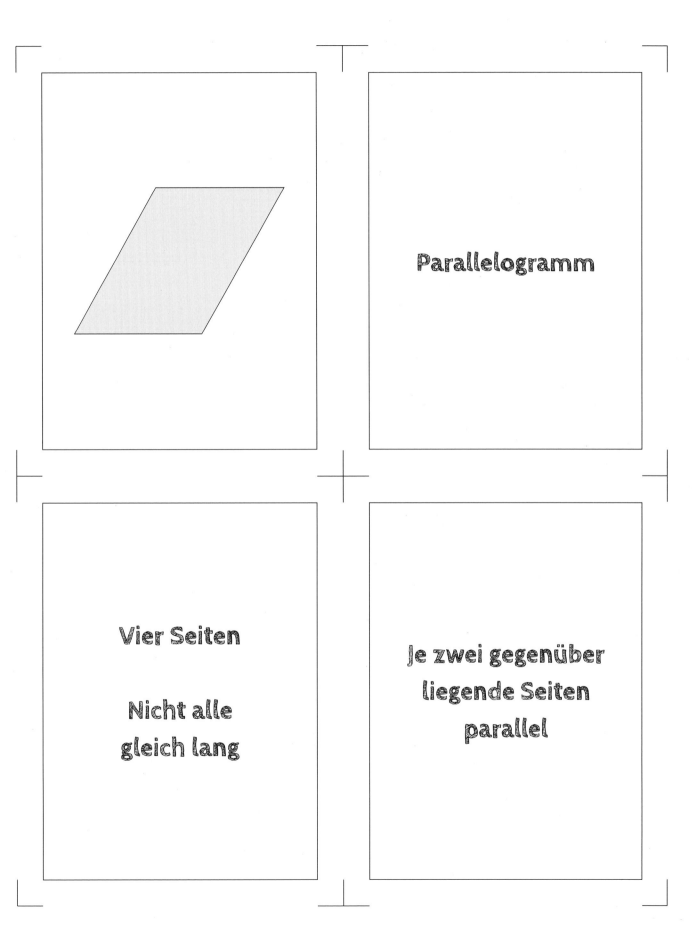

Parallelogramm

Vier Seiten

Nicht alle gleich lang

Je zwei gegenüber liegende Seiten parallel

# Quartett 5 – Raute

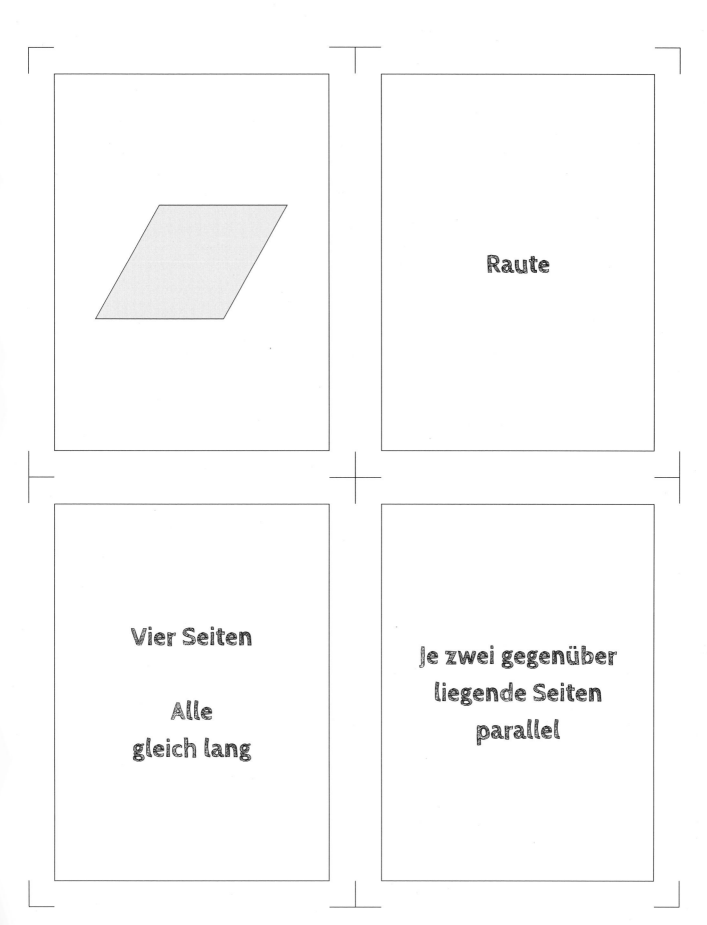

# Quartett 6 – Quadrat

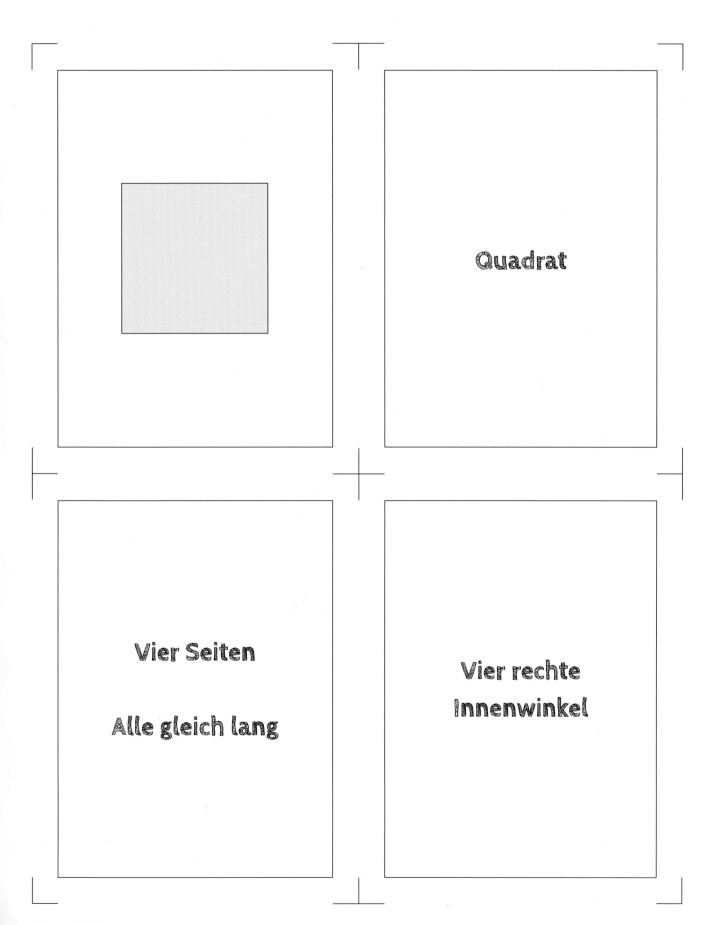

# Quartett 7 – Rechteck

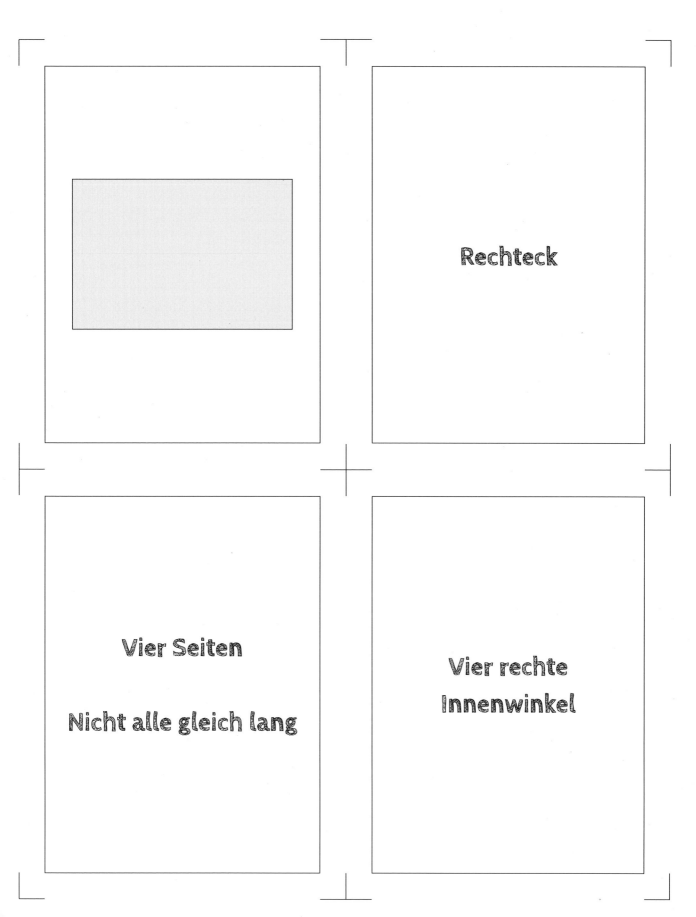

# Quartett 8 – Trapez

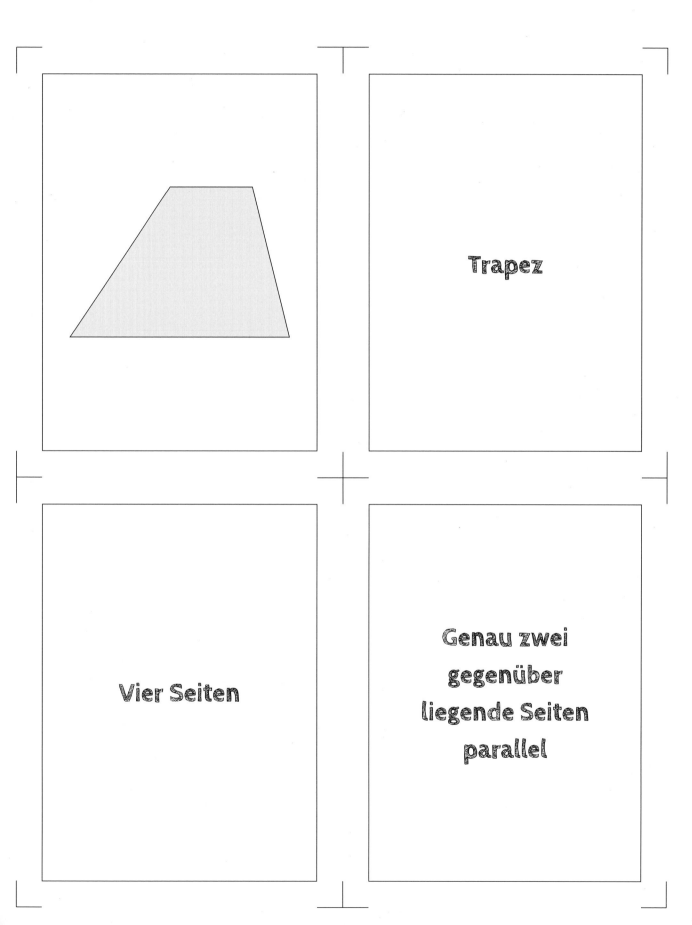

# Vorlage – Rückseite

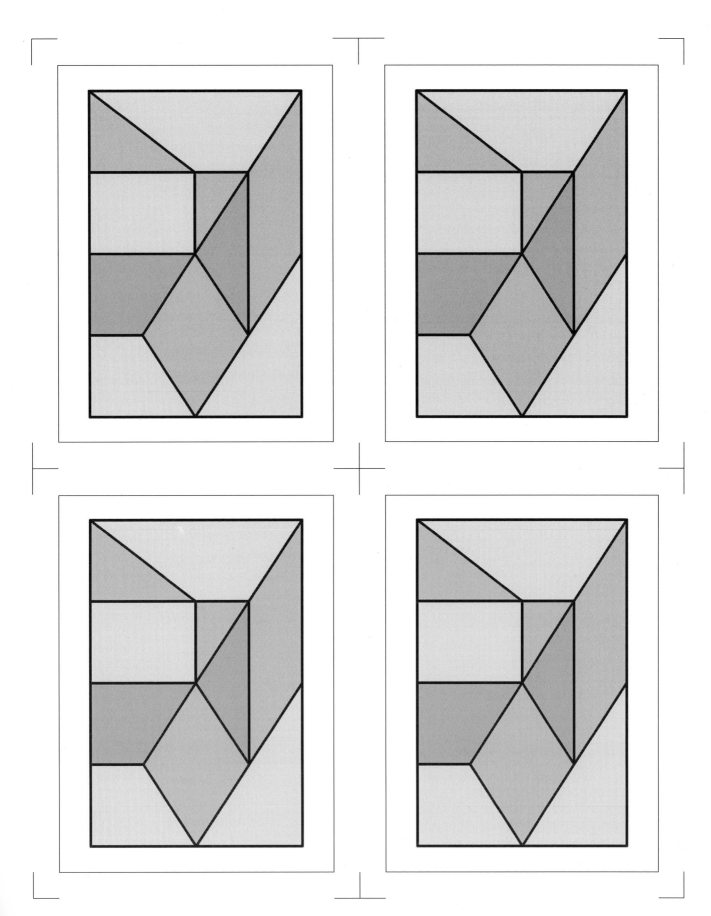

# 11 Lösungen

**Kreise zeichnen**

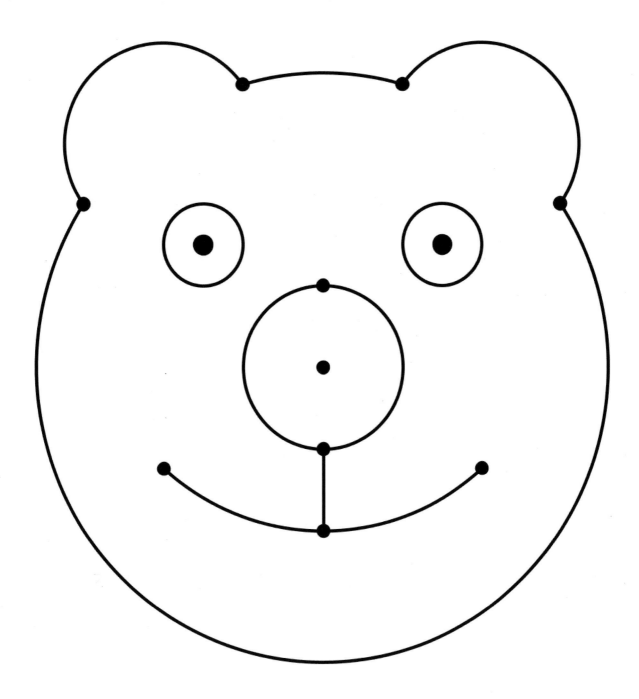

# Prisma und Quader

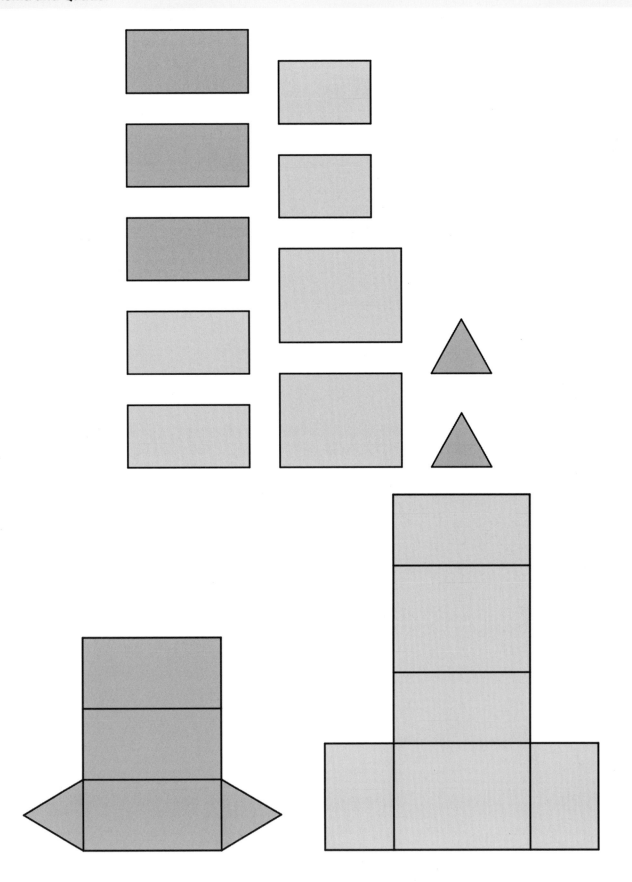

# Quadratische Pyramide und Tetraeder

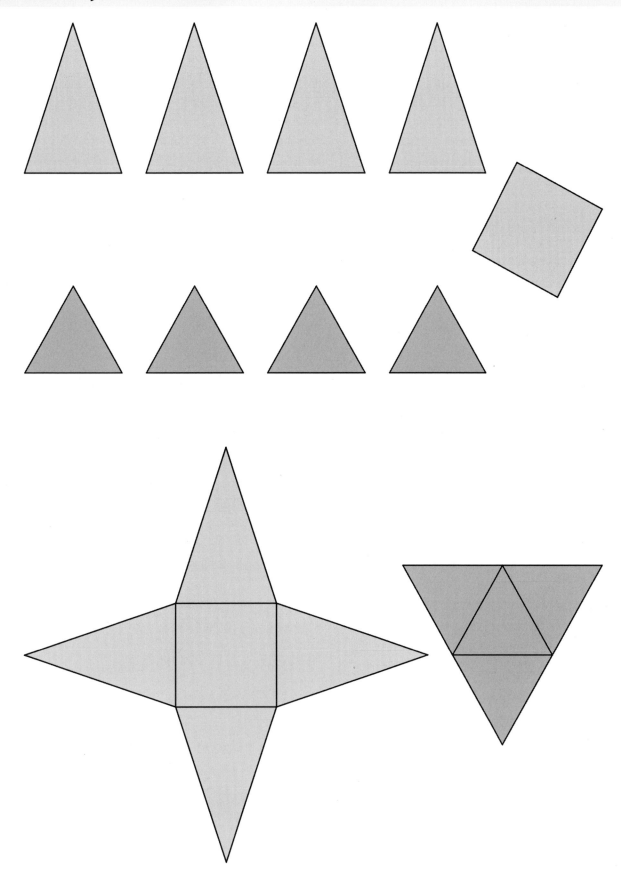

# Zylinder und Kegel

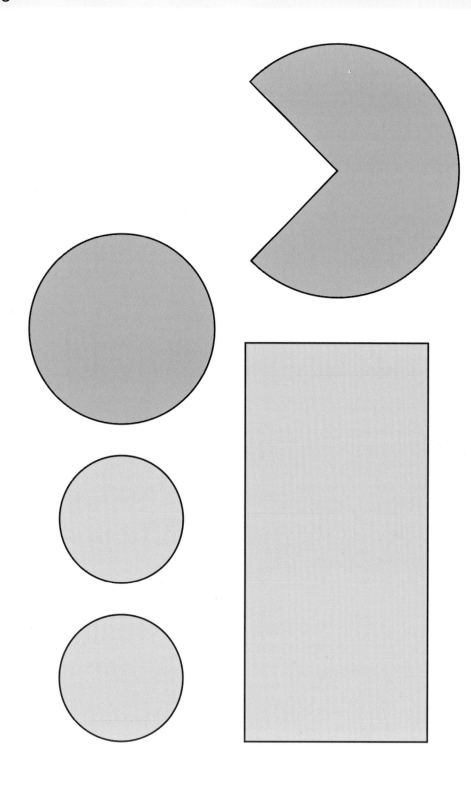

# Pyramidenstumpf und Quader

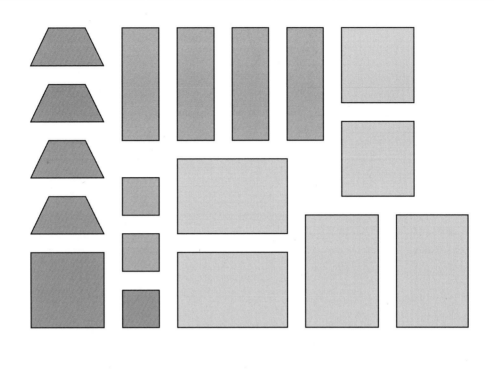
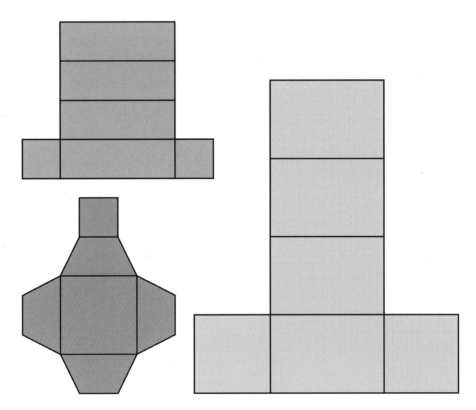

# Kegelstumpf und Zylinder

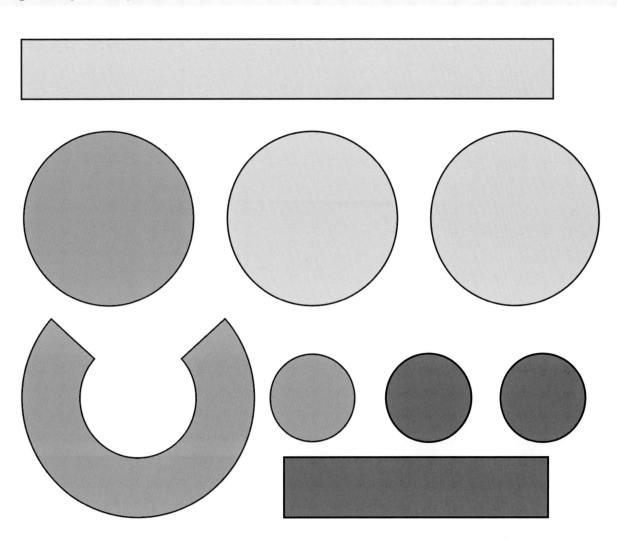

# Dreieckspuzzle

**Zu den Abbildungen 1 bis 3:**
Alle drei Dreiecke stimmen jeweils in den entsprechenden Innenwinkeln überein, d. h. sie sind *ähnlich* zueinander.

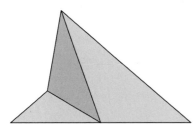 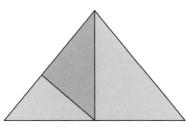 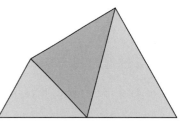

**Zu Abbildung 1:**
Viereck mit einem Außenwinkel größer als 180°

**Zu Abbildung 2:**
Gleichschenkliges Dreieck

**Zu Abbildung 3:**
Viereck mit allen Außenwinkeln kleiner als 180°

**Zu Abbildung 4:**
Alle drei Dreiecke sind gleichseitig.

**Zu Abbildung 5:**
Alle drei Dreiecke sind gleichschenklig-rechtwinklig.

**Zu Abbildung 6:**
Alle drei Dreiecke sind rechtwinklig.

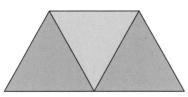  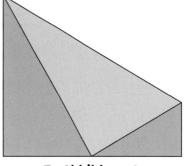

**Zu Abbildung 4:**
Gleichschenkliges Trapez

**Zu Abbildung 5:**
Rechteck

**Zu Abbildung 6:**
Trapez mit genau zwei rechten Winkeln

## Viereckspuzzle

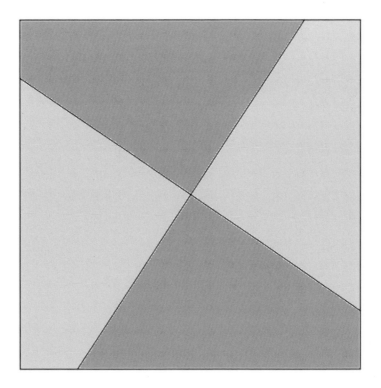

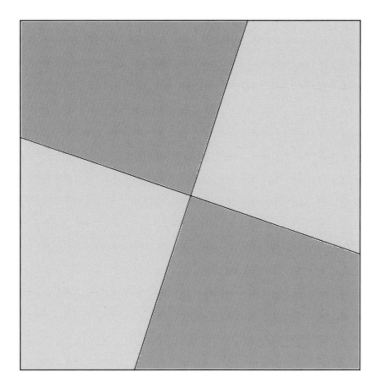

Jedes der insgesamt acht Teilvierecke hat genau zwei gegenüber liegende rechte Winkel. Somit ergänzen sich die beiden anderen gegenüber liegenden Winkel zu 180°.

Die vier Teilvierecke eines jeden der beiden Quadrate sind paarweise kongruent.

# Jederzeit optimal vorbereitet in den Unterricht?

# »Lehrerbüro!

## Hier finden Sie alle Unterrichtsmaterialien

der Verlage Auer, AOL-Verlag und PERSEN

## immer und überall online verfügbar.

**lehrerbuero.de**
Jetzt kostenlos testen!

lehrerbüro
Das **Online-Portal** für Unterricht und Schulalltag!